챗GPT 시대의 창의성

융합365

융합의 탄생

- 실습편 -

1

융합365 **1**

초판 1쇄 발행 2023년 3월 9일

지은이 최윤규
펴낸이 이춘원
펴낸곳 노마드
기획 강영길
편집 이경미
디자인 민혜준
마케팅 강영길

주소 경기도 고양시 일산동구 무궁화로120번길 40-14(정발산동)
전화 (031) 911-8017
팩스 (031) 911-8018
이메일 bookvillagekr@hanmail.net
등록일 2005년 4월 20일
등록번호 제2014-000023호

ISBN 979-11-86288-61-0(03320)

챗GPT 시대의 창의성

융합의 탄생
- 실습편 -

1

최 윤 규 지음

nomad 노마드

챗GPT 인공지능의 시대.

암기의 시대에서 **생각하는 시대**로의 전환이 시작되었습니다.

정보와 자료, 데이터를 누구에게나 공개하고 무료로 이용할 수 있는 시대에 중요한 것은 무엇일까요?
바로 **생각하는 힘**입니다.
똑같은 것을 보더라도 그 속에서 다름을 찾아내는 관점이 중요한 시대입니다.
이제 미래에 가장 필요한 인재상은 **창의융합 인재**입니다.

남들이 암기하는 시간에, 공개된 자료를 가지고 이것을 어떻게 내 것으로 만들 것인가 생각하는 사람들이 더욱 중요해지고 있습니다.
그 생각을 훈련하는 가장 쉬운 방법을 알려드립니다.

먼저 사물의 특징과 장점이 무엇인지를 볼 수 있어야 합니다. 핵심을 끄집어낼 수 있어야 합니다. 그래서 《융합의 탄생》이라는 책을 통해서 관점을 바꾸고 사물 간의 특징을 연결하는 방법을 알려드렸습니다.

책을 보신 분들께서 '꾸준히 1년 365일 혼자서라도 연습할 수 있게 해달라'는 많은 요청에 《융합의 탄생》 실습편 《융합 365》를 준비하게 되었습니다.
특히 제가 청소년들의 창의적 사고를 키우기 위해 어릴 때부터 연습이 필요하다고 말씀드린바 초·중·고에서 1주일에 1번 1년 동안 창의융합 훈련을 하고 있는 학교에서는 학생들이 쉽게 접근할 수 있도록 교과서에 나오는 단어들을 주로 사용하였습니다.

말이 안 되도 된다.
현실 불가능해도 된다.
무엇이든 상상하라.
미래에는 다 이루어진다.

이러한 생각으로 이 책을 활용해보시면 1년이 지났을 때 사물과 문제를 보는 관점이 바뀌어 있음을 느낄 겁니다.

새로 바뀐 관점으로 미래의 정답을 만들어 나갑시다!
당신은 창의융합 인재입니다.

차례

챗GPT와 함께 한 융합 연습

비타500 + 쌍화탕 = ?

나는 인공지능 언어 모델로서 물리적으로 제품을 만들 능력이 없습니다. 하지만 나는 한국의 쌍화탕과 비타500을 결합할 수 있는 몇 가지 방법을 제안할 수 있습니다.

쌍화탕은 건강에 좋다고 알려진 한국의 전통 한약재이고, 비타500은 빠른 에너지 상승을 위해 고안된 한국에서 인기 있는 비타민 음료입니다. 이 두 제품 모두 기능과 성분이 다르지만 어떤 방식으로든 결합해 두 가지 장점을 모두 제공하는 새로운 제품을 만들 수 있습니다.

다음은 쌍화탕과 비타500을 결합하는 몇 가지 가능한 방법입니다.

1. 비타500에 쌍화탕을 주입한 음료 만들기: 이것은 쌍화탕의 건강상 이점뿐만 아니라 비타민과 에너지 향상을 제공하는 음료를 만들기 위해 쌍화탕에 사용되는 약초 성분의 일부를 비타500에 첨가하는 것을 포함할 것입니다.

2. 쌍화탕과 비타500 샷 만들기: 쌍화탕과 비타500이 집중적으로 혼합된 작은 병이나 샷을 만들 수 있습니다. 이것은 매일 또는 필요에 따라 두 제품의 빠르고 강력한 이점을 제공할 것입니다.

3. 쌍화탕과 비타500 차 만들기: 쌍화탕 허브를 뜨거운 물에 넣고 그 혼합물에 비타500을 추가하여 차를 만들 수 있습니다. 이것은 쌍화탕의 건강상 이점과 비타500의 에너지 증가를 제공하는 따뜻하고 편안한 음료를 만들 것입니다.

근본적인 의학적 조건이 있거나 약물을 복용하는 경우 이러한 제품을 조합하는 것은 신중하고 의료 전문가의 지도하에 이루어져야 한다는 점에 유의하는 것이 중요합니다.

파리 + (   ) =   ?

발상의 힌트

- 파리의 유전자가 사람 몸속으로 들어오는 영화 〈플라이〉.
- **미안함을 모르는 사람들에게 뿌리는 약 '파리' →10분 동안 파리처럼 손을 싹싹 비빈다.**
- 파리를 잡는 파리 모양의 로봇, 파리 모양+단추.

 두 개의 단어를 합쳐서 할 수 있는 것들은?

글이나 그림으로 표현하기

지하철 + (　　) =

발상의 힌트

- 지하철+러닝머신 →승객들이 운동해야 움직인다.
- '서울역에서 내려요' 하차 표시를 할 수 있는 지하철.
- 화장실이 급한 사람들을 위한 '화장실 빈칸 알림' 앱.
- 애완동물 전용칸이 있는 지하철.
- 지하철 손잡이+완력기, 지하철 손잡이+체온 및 건강 측정.

 두 개의 단어를 합쳐서 할 수 있는 것들은?

글이나 그림으로 표현하기

11

고등어 + (   ) =   ?

발상의 힌트

- 고등어 찹쌀떡, 고등어 피자, 고등어 김밥은 팔릴까?
- 고등어 맛 우유, 고등어 맛 커피는 맛있을까?
- 고등어에는 오메가3이 많다고 하는데 말려서 가루로 만들어 뿌려 먹는다면? 고등어환은 어떨까?

 두 개의 단어를 합쳐서 할 수 있는 것들은?

글이나 그림으로 표현하기

돼지 + (   ) =   ?

 두 개의 단어를 합쳐서 할 수 있는 것들은?

글이나 그림으로 표현하기

거미 + (　　　) = 　　　　　　　?

 두 개의 단어를 합쳐서 할 수 있는 것들은?

글이나 그림으로 표현하기

스피커 + (　　) = [　　　?　　　]

발상의 힌트

- **칭찬만 나오는 스피커**, 사투리만 나오는 스피커, 바람과 향이 나오는 스피커.
- 친구, 애인, 자녀, 간호사 역할을 하는 인공지능 스피커.
- 조류 퇴치용 스피커, 자동번역 스피커, 안경 스피커, 욕쟁이 스피커, 소리를 감지해 조명이 달라지는 스피커.

 두 개의 단어를 합쳐서 할 수 있는 것들은?

글이나 그림으로 표현하기

현미경 + (　　) = 　　　　　?

- 미용실의 두피 현미경, 이비인후과의 콧속과 귓속을 보는 현미경이 있듯이 살을 빼고 싶은 사람들을 위한 휴대용 다이어트 현미경. →식사 전에 현미경으로 음식을 보고 나면 식욕이 떨어져서 먹는 양이 줄어든다.

 두 개의 단어를 합쳐서 할 수 있는 것들은?

글이나 그림으로 표현하기

하늘 + (　　　) = 　　　　　　　?

- 배트맨은 하늘을 자신을 찾는 박쥐 로고를 보여주는 배경으로 활용한다. 그래서 하늘을 광고판으로 사용하는 아이디어 회사도 나오고, 하늘에 글씨를 쓰는 스카이 라이팅 업체와 스카이 타이핑 업체도 생겼다.
- 하늘은 어떤 색인가? 물감을 칠할 도화지로 쓴다면?

 두 개의 단어를 합쳐서 할 수 있는 것들은?

글이나 그림으로 표현하기

삼각김밥 + (   ) =   ?

발상의 힌트

- 편의점 삼각김밥은 융합 아이디어 연습하기에 너무 좋은 제품이다. 먹고 싶은 어떤 재료든 넣을 수 있다.
- 삼각김밥 모양 자전거, 삼각김밥 모양 킥보드, 삼각김밥 모양 수건, 삼각김밥 모양 가방, 삼각김밥 모양 라면.
- 초대형 삼각김밥, 싸다? 초고가 삼각김밥.
- 삼각김밥 유령, 삼각김밥+티셔츠, 삼각김밥+바지.

 두 개의 단어를 합쳐서 할 수 있는 것들은?

글이나 그림으로 표현하기

아이스크림 + (   ) =   ?

- 시멘트 느낌, 연탄 모양의 아이스크림을 파는 가게.
- 초밥 모양의 아이스크림을 파는 가게도 있고, 아이스크림 막대기로 공예를 하는 사람들도 있다.
- 아이스크림+햄버거, 아이스크림+치킨, 아이스크림+맥주.

 두 개의 단어를 합쳐서 할 수 있는 것들은?

글이나 그림으로 표현하기

공룡 + (   ) =   ?

발상의 힌트

- 영화 〈쥐라기 월드〉에서는 공룡 DNA를 메뚜기 몸에 집어넣는다. 메뚜기가 얼마나 커질까?
- 거대한 메뚜기는 인류를 위협할까?
- 공룡 DNA+개미, 공룡 DNA+햄스터.
- 김장할 때 마늘 까기 힘든데 **공룡 DNA+마늘**로 엄청 큰 마늘을 만들면 얼마나 편할까?

 두 개의 단어를 합쳐서 할 수 있는 것들은?

글이나 그림으로 표현하기

옷걸이 + (   ) =   ?

발상의 힌트

- 옷걸이+건조기, 옷걸이+방향제, 옷걸이+살균.
- 옷걸이 모양 티백, 옷걸이+양말, 옷걸이+책.
- 옷걸이+의자, 지하철 손잡이와 옷걸이를 합치면 더울 때 옷을 걸어두고 목적지까지 가면 편할까?

 두 개의 단어를 합쳐서 할 수 있는 것들은?

글이나 그림으로 표현하기

마스크 + (　　　) = 　　　　　 **?**

발상의 힌트

- 종이접기 잘하나요? 미래에는 종이접기만 잘해도 먹고살 수 있어요. 눈에 보이는 모든 것을 종이접기로 만들 수 있거든요. 현재 쓰고 있는 마스크는 어떻게 접혀 있나요? 동전 만하게 접으면 안 될까?
- 마스크+공기청정기, 마스크+귀마개, 마스크+목도리.
- 마스크+스피커, '말 걸지 마'라고 적혀 있는 마스크.

 두 개의 단어를 합쳐서 할 수 있는 것들은?

글이나 그림으로 표현하기

도마 + (   ) =   ?

발상의 힌트

- 나무 도마, 흙타일 도마, 돌 도마, 종이 도마, 일회용 도마, 실리콘 도마, 속에 칼을 품은 도마, 손잡이 달린 도마.
- 도마+바퀴→타고 다닐 수 있을까?
- 도마+배, 도마+책상, 도마+그네, 도마+그릇.

 두 개의 단어를 합쳐서 할 수 있는 것들은?

글이나 그림으로 표현하기

붕어빵 + (　　) = 　　　　?

- 사람들은 붕어빵을 천 원에 몇 개 주면 만족해할까? 그 기준에 맞추어 판매하면 돈을 벌까?
- 붕어빵+아이스크림, 붕어빵+치즈, 붕어빵+인절미.
- 붕어빵+장갑, 붕어빵+모자, 붕어빵+실내화.
- 붕어빵+단무지, 붕어빵+김치, 붕어빵+만두.
- **구운 붕어빵은 맛있을까?**

 두 개의 단어를 합쳐서 할 수 있는 것들은?

글이나 그림으로 표현하기

온풍기 + (   ) =   ?

 두 개의 단어를 합쳐서 할 수 있는 것들은?

글이나 그림으로 표현하기

노트 + (　　) =　　　　　　　?

발상의 힌트

- 노트를 벽에 붙이면 →칠판.
- 노트를 핸드폰 속으로 →디지털 메모장, 아이패드.
- 지금 보고 있는 이것은 책인가, 노트인가?

 두 개의 단어를 합쳐서 할 수 있는 것들은?

글이나 그림으로 표현하기

짚 + (   ) =   ?

발상의 힌트

- 새끼줄, 멍석, 가마니, 초가지붕, 그릇, 가방, 볏짚 우비.
- **짚신+고무밑창 →편안한 고무밑창이 있는 짚신.**
- 볏짚+모자, 볏짚+갑옷, 볏짚+책상, 볏짚+티셔츠, 볏짚+인형.

 두 개의 단어를 합쳐서 할 수 있는 것들은?

글이나 그림으로 표현하기

콜라 + (   ) =   ?

- 콜라+커피, 콜라+짜장면, 콜라 맛 아이스크림.
- 콜라 맛 스낵, 양배추+콜라, 녹차+콜라, 우유+콜라.
- 콜라로 그림 그리기, 콜라뚜껑 벽화, 콜라병 담벼락.
- 콜라병+배, 콜라병+스마트폰, 콜라병+그릇, 콜라병+헤드폰.

 두 개의 단어를 합쳐서 할 수 있는 것들은?

글이나 그림으로 표현하기

앞치마 + (　　) = 　　　　　?

발상의 힌트

• 앞치마에 명품 브랜드 로고(루이뷔통, 이브생로랑, 샤넬, 구찌 등)를
  붙여두면 사람들이 300만 원 주고 살까?
• 명품이니까 외출할 때 앞치마를 입고 다닐까?
• 웨딩드레스+앞치마, 사무실용 앞치마.
• '오늘 내가 쏠게!'라는 문구가 있는 식당용 앞치마.

 두 개의 단어를 합쳐서 할 수 있는 것들은?

글이나 그림으로 표현하기

호미 + (   ) =   ?

 두 개의 단어를 합쳐서 할 수 있는 것들은?

글이나 그림으로 표현하기

가로등 + (　　) = 　　　　　?

 두 개의 단어를 합쳐서 할 수 있는 것들은?

글이나 그림으로 표현하기

지퍼팩 + (   ) =   ?

 두 개의 단어를 합쳐서 할 수 있는 것들은?

글이나 그림으로 표현하기

허리띠 + (   ) =   ?

 두 개의 단어를 합쳐서 할 수 있는 것들은?

글이나 그림으로 표현하기

손톱깎이 + (   ) =   ?

발상의 힌트

- 손톱깎이+**손톱을 모아두는 통**(1개월용, 1년용) →그걸 왜 모으나? 이
  유 없어요. 그냥요!
- 돋보기+손톱깎이, 병따개+손톱깎이, 소독솜+손톱깎이, 마우스+손
  톱깎이, 배낭+비상용 손톱깎이, 등산화+손톱깎이.

 두 개의 단어를 합쳐서 할 수 있는 것들은?

글이나 그림으로 표현하기

공기청정기 + (　　　) = 　　　?

발상의 힌트

- 선풍기+공기청정기, 환풍기+공기청정기, 건조기+공기청정기.
- 실내 자전거로 운동해야 작동하는 공기청정기.
- 쓰레기통+공기청정기, 창문 섀시+공기청정기.
- 음악을 들으면 공기도 깨끗해 →스피커+공기청정기.
- 마을 전체를 깨끗하게 하려면 공기청정기가 반드시 거대한 크기여야 할까?

 두 개의 단어를 합쳐서 할 수 있는 것들은?

글이나 그림으로 표현하기

피아노 + (   ) =   ?

- 붕어빵+피아노 →피아노빵: 검은 건반은 팥, 흰 건반은 반죽.
- 두루마리 피아노, 전자 피아노, 계단 피아노.
- 피아노+소파, 피아노+베개, 피아노+마우스.
- 청력 테스트 피아노 →어디까지 들리나?

 두 개의 단어를 합쳐서 할 수 있는 것들은?

글이나 그림으로 표현하기

왕관 + (   ) =   ?

 두 개의 단어를 합쳐서 할 수 있는 것들은?

글이나 그림으로 표현하기

챗GPT와 함께 한 융합 연습

질 문

오징어 + 찹쌀떡 = [?]

답 변

오징어와 찹쌀떡을 결합한 상품을 제안합니다.

상품명: 오징어떡
상품 설명: 오징어떡은 오징어의 고소한 맛과 쫄깃한 찹쌀떡의 식감이 어우러져 맛있고 편리한 간식입니다. 고급 재료로 만들어진 오징어떡은 이동 중에 맛있고 만족스러운 간식을 찾는 사람들에게 좋은 선택이 될 것입니다.
상품 특징: 오징어와 찹쌀가루로 만듭니다. 비GMO 성분, 글루텐 프리, 인공 향료나 방부제는 사용하지 않습니다. 간편하게 바로 먹을 수 있으며, 조리할 필요가 없습니다. 신선함을 유지하고 맛과 식감을 보존하기 위해 재밀봉이 가능한 포장지에 포장됩니다.
대상 시장: 대상 시장에는 고소한 간식을 즐기며 글루텐이 없고 편리한 선택지를 찾는 사람들이 포함됩니다. 이 제품은 건강을 의식하는 개인, 학생, 직장인, 여행자를 포함한 광범위한 소비자들에게 어필할 것입니다.
유통: 식료품점, 편의점, 온라인 장터, 전문 식품점 등 다양한 경로로 유통이 가능합니다.
마케팅: 마케팅 전략은 제품의 맛과 편리함, 건강상의 이점에 초점을 맞출 것입니다. 제품은 소셜 미디어, 인플루언서 마케팅, 매장 내 프로모션, 시식 프로그램 등을 통해 홍보가 가능합니다.

오징어떡은 다양한 소비자들에게 어필할 수 있는 맛있고 독특한 맛과 식감의 조합을 제공합니다. 편리한 포장과 건강을 생각하는 재료들로 만들어 이동 중이나 집에서 먹기에 완벽한 간식입니다.

호루라기 + (   ) =   ?

- 입으로 불어야 하나 → 손으로 누르는 호루라기.
- 호루라기+립스틱 →여성용 비상용 호루라기.
- 호루라기+USB, 호루라기+반지, 호루라기+빨대.

 두 개의 단어를 합쳐서 할 수 있는 것들은?

글이나 그림으로 표현하기

식빵 + (　　　) = 　　　　　?

- 식빵+침대, 식빵+양말, 식빵+만두, 식빵+저금통.
- 연탄 모양 식빵, 자갈 모양 식빵, 수박 모양 식빵, 고래 모양 식빵, 푹신한 식빵 의자, 식빵+인형.
- 설거지가 필요 없는 식빵 그릇.
- **식빵을 화폐로 쓴다면 어떤 일이 벌어질까?**

 두 개의 단어를 합쳐서 할 수 있는 것들은?

글이나 그림으로 표현하기

수건 + (   ) =   ?

발상의 힌트

- 어떤 것이 수건이고, 어떤 것이 걸레인가?
- **어떤 것은 수건이 되고, 어떤 것은 걸레가 되는가?**
- 왜 제대로 해보지도 않고 처음부터 걸레가 되려 하는가?
- 수건+모자, 수건+목도리, 수건+치킨박스, 수건+장갑.

 두 개의 단어를 합쳐서 할 수 있는 것들은?

글이나 그림으로 표현하기

슬리퍼 + (   ) =   ?

발상의 힌트

- 양말 겸용 슬리퍼, 발가락 씻기 슬리퍼, 응원도구 슬리퍼.
- 충전용 보온 슬리퍼, 실내용, 해변용, 청소용, 작업용 슬리퍼.
- 밑바닥 분리되는 외출 겸용 실내 슬리퍼, 소음 방지 슬리퍼.
- 슬리퍼 신고 제기차기 대회, 페트병 슬리퍼 달리기 대회.
- 스프레이로 발에 뿌리면 달라붙는 일회용 슬리퍼는?
- 거대한 슬리퍼 모양의 카페, 슬리퍼+운동화.

 두 개의 단어를 합쳐서 할 수 있는 것들은?

글이나 그림으로 표현하기

호두과자 + (　　) = 　　　　　?

- 치즈+호두과자, 호두과자 햄버거, 땅콩+호두과자.
- 버터+호두과자, 딸기+호두과자, 부침개+호두과자.
- 치킨 품은 호두과자, 다코야키+호두과자.
- 호두과자를 5개씩 꼬치에 꽂아서 팔면 어떨까?

 두 개의 단어를 합쳐서 할 수 있는 것들은?

글이나 그림으로 표현하기

주전자 + (   ) =   ?

발상의 힌트

- 냄비+주전자, 물뿌리개+주전자, 가습기+주전자, 전기+주전자, 스팀+주전자, 다리미+주전자, 컵+주전자.
- 주전자 로봇, 주전자 인형, 정수 기능 있는 주전자.
- 라이터+주전자, 아령+주전자, 일회용 종이 주전자.

 두 개의 단어를 합쳐서 할 수 있는 것들은?

글이나 그림으로 표현하기

휴지통 + (   ) = [?   ]

 두 개의 단어를 합쳐서 할 수 있는 것들은?

글이나 그림으로 표현하기

면도기 + (　　) = 　　　　　　?

 두 개의 단어를 합쳐서 할 수 있는 것들은?

글이나 그림으로 표현하기

앤트맨 + (　　　) = 　　　　　?

 두 개의 단어를 합쳐서 할 수 있는 것들은?

글이나 그림으로 표현하기

병아리 + (   ) =   ?

- 병아리+온순한 약 →못된 사람도 한 알만 먹으면 병아리처럼 착하게 만들어주는 약.
- 병아리+램프 →노란 병아리 전등, 병아리+신발.
- 병아리+콘센트, 병아리+저금통, 병아리+핫팩.

 두 개의 단어를 합쳐서 할 수 있는 것들은?

글이나 그림으로 표현하기

밥 + (   ) =   ?

 두 개의 단어를 합쳐서 할 수 있는 것들은?

글이나 그림으로 표현하기

모기장 + (   ) =   ?

 두 개의 단어를 합쳐서 할 수 있는 것들은?

글이나 그림으로 표현하기

우산 + (　　) = 　　　　　?

- 우산은 왜 둥글어야 하지? 네모난 우산은?
- 우산+미세먼지 차단, 우산+방음, 우산+긴급신호,
- 우산+스피커 →우산을 펴서 청중들 쪽으로 놓으면 스피커로 사용할 수 있다.
- 우산+양산, 우산+선풍기, 우산+향기, 우산+야광.

 두 개의 단어를 합쳐서 할 수 있는 것들은?

글이나 그림으로 표현하기

줄넘기 + (   ) =   ?

 두 개의 단어를 합쳐서 할 수 있는 것들은?

글이나 그림으로 표현하기

양초 + (   ) =   ?

- 고체 양초, 액체 양초, 향기 양초, 생일축하 양초, 예배용 양초.
- 양초+전기, 양초+시계, 양초+가습기, 양초+비누, 양초+등대, 양초+난방, 양초+음식 가열, 양초+성냥, 양초+스마트폰, 양초+플래시, 양초+컵라면.

 두 개의 단어를 합쳐서 할 수 있는 것들은?

글이나 그림으로 표현하기

티백 + (   ) =   ?

- 티백+녹차, 티백+커피, 티백+다시마, 티백+멸치, 티백+라면 수프, 티백+어묵국물, 티백+보리차, 티백+입욕제.
- **티백+쌍화탕→여행 중 몸살 날 때 편할 듯.**
- 티백+맥주, 티백+콜라, 티백+비누 →비누를 아껴 쓸 수 있다.
- 가정용 티백 목욕탕 →한 사람이 들어갈 수 있는 큰 티백.

 두 개의 단어를 합쳐서 할 수 있는 것들은?

글이나 그림으로 표현하기

고구마 + (   ) =   ?

- 고구마 모양 컵, 고구마 모양 럭비공, 고구마 가루, 고구마 환, 고구마+가로등, 고구마+마우스, 고구마+베개, 고구마 모양 야구방망이, 고구마+자동차 기어스틱, 고구마 넝쿨+은행통장.
- 고구마줄기로 치마를 만든다면?

 두 개의 단어를 합쳐서 할 수 있는 것들은?

글이나 그림으로 표현하기

손오공 + (　　　) = 　　　　　?

발상의 힌트

- 여의봉+빨대, 여의봉+셀카봉, 여의봉+안마손, 여의봉+밀대, 손오공의 분신술+복사지, 손오공이 타고 다니는 근두운+솜사탕.
- **손오공 머리띠+허리끈 →주문을 외우면 허리끈이 줄어든다.**

 두 개의 단어를 합쳐서 할 수 있는 것들은?

글이나 그림으로 표현하기

드라이기 + (　　) =　　　　?

발상의 힌트

- 드라이기+선풍기, 드라이기+난방기, 드라이기+물총, 드라이기+에어
  프라이어, 드라이기+토스트기, 드라이기+스피커, 드라이기+건조기,
  냄새 제거 드라이기.
- **드라이기로 라면 끓이기가 될까?**

 두 개의 단어를 합쳐서 할 수 있는 것들은?

글이나 그림으로 표현하기

상어 + (　　　) = 　　　　　　　?

발상의 힌트

- 상어지느러미+모자, 상어이빨+집게.
- 상어와 토끼의 DNA를 합치면 겁 많은 상어가 될까?
- 재생 가능한 상어이빨+임플란트, 상어이빨+아이젠.
- 아쿠아맨처럼 수중에 사는 상어+인간을 영화로 만든다면?

 두 개의 단어를 합쳐서 할 수 있는 것들은?

글이나 그림으로 표현하기

케첩 + (   ) =   ?

 두 개의 단어를 합쳐서 할 수 있는 것들은?

글이나 그림으로 표현하기

핫팩 + (　　) = 　　　　　?

발상의 힌트

- 붙이는 핫팩, 포켓용 핫팩, 신발용 핫팩, 핫팩+복대, 핫팩+내복, 핫팩
+보온도시락, 핫팩+야외용 침낭, 핫팩+목도리, 핫팩+머그컵, 충전식+
핫팩, 핫팩+마스크, 강아지용 핫팩 방석.

 두 개의 단어를 합쳐서 할 수 있는 것들은?

글이나 그림으로 표현하기

아쿠아맨 + (　　) =　　　　　　　**?**

발상의 힌트

- 아쿠아맨은 물속에서 이를 어떻게 닦을까?
- 아쿠아맨+치약, 아쿠아맨+칫솔.
- 아쿠아맨+심청전 →아버지를 위해 인당수에 뛰어든 효녀 심청을 처음 구해준 것은 용왕이 아닌 아쿠아맨이었다. 이제 새로운 이야기를 만들어볼까요?

 두 개의 단어를 합쳐서 할 수 있는 것들은?

글이나 그림으로 표현하기

62

티슈 + (　　) =　　　　?

발상의 힌트

• 티슈+책꽂이, 티슈+물티슈, 티슈+컵라면, 티슈+항균.
• 아기용·강아지용·청소용·콧물용·눈물용·연인용 티슈.
• 티슈+거울 →거울에 내장된 티슈: 거울 보면서 바로 사용.
• 거꾸로 생각하기 →닦으면 지저분해지는 티슈는?

 두 개의 단어를 합쳐서 할 수 있는 것들은?

글이나 그림으로 표현하기

신호등 + (   ) =   ?

 두 개의 단어를 합쳐서 할 수 있는 것들은?

글이나 그림으로 표현하기

샌드위치 + (   ) =   ?

 두 개의 단어를 합쳐서 할 수 있는 것들은?

글이나 그림으로 표현하기

토끼 + (　　　) = 　　　?

- **토끼나라 싸움대장은 가장 약한 호랑이를 이길까?**
- 토끼+꿀벌의 능력을 가진 캐릭터를 만든다면 어떤 모습일까?
- 토끼 귀+귀마개, 토끼 똥+초콜릿
- 달을 메고 다니는 토끼 인형.

 두 개의 단어를 합쳐서 할 수 있는 것들은?

글이나 그림으로 표현하기

그네 + (　　　) =　　　　　　　　?

 두 개의 단어를 합쳐서 할 수 있는 것들은?

글이나 그림으로 표현하기

챗GPT와 함께 한 융합 연습

핫도그 + 짜장면 = ?

핫도그와 짜장면을 결합하면 미국식이나 한국식 요리에서 전통적으로 볼 수 없는 독특한 퓨전 요리가 탄생할 것입니다.

핫도그는 일반적으로 빵에 다양한 토핑과 양념을 곁들인 소시지의 일종이며 짜장면은 국수와 진한 검은콩 소스로 만든 한국 요리로, 채소와 고기를 곁들이는 것이 일반적입니다.

이 두 가지 요리를 결합하는 한 가지 가능한 방법은 칠리 도그와 유사한 스타일로 짜장면 소스와 양파 또는 깍둑썰기한 감자와 같은 채소를 얹은 핫도그를 제공하는 것입니다. 또는 얇게 썬 핫도그를 짜장면에 추가하여 전통 요리에 고기를 더할 수 있습니다.

그러나 이것은 가능한 퓨전 요리에 대한 아이디어일 뿐이며 결과적인 풍미와 질감이 모든 사람의 취향에 맞지 않을 수 있음을 명심하십시오. 결국 핫도그와 짜장면의 궁합은 개인의 취향이고, 맛의 완벽한 균형을 찾기 위해서는 실험이 필요할 수 있습니다.

안경 + (   ) =   ?

발상의 힌트

- 안경+인공눈물 →눈이 건조한 사람을 위해 인공눈물이 자동 제공되는 안경.
- 안경+장점 →상대방의 장점만 보이는 안경.
- 안경+스마트폰, 안경+이어폰, 안경+마스크.
- 콧대를 세워주는 안경, 눈이 커 보이는 안경, 안경 닦는 천이 내장된 안경.

 두 개의 단어를 합쳐서 할 수 있는 것들은?

글이나 그림으로 표현하기

신데렐라 + (   ) = [?   ]

 두 개의 단어를 합쳐서 할 수 있는 것들은?

글이나 그림으로 표현하기

에어컨 + (   ) =   ?

발상의 힌트

• 화분형 에어컨, 미세먼지 제거+에어컨, 스피커+에어컨, 소파+에어컨,
  드라이기+에어컨, 운동화+에어컨, 일기예보 감지 자동 에어컨, 가습
  기+에어컨, 책상+에어컨, 팬티+에어컨, 독수리날개 바람 에어컨.

 두 개의 단어를 합쳐서 할 수 있는 것들은?

글이나 그림으로 표현하기

짜장면 + (   ) =   ?

 두 개의 단어를 합쳐서 할 수 있는 것들은?

글이나 그림으로 표현하기

태극기 + (　　　) = 　　　　　　?

 두 개의 단어를 합쳐서 할 수 있는 것들은?

글이나 그림으로 표현하기

스프링 + (   ) =   ?

 두 개의 단어를 합쳐서 할 수 있는 것들은?

글이나 그림으로 표현하기

시계 + (　　　) = 　　　　　　　　?

발상의 힌트

- 식사시간에만 움직이는 시계, 배꼽 모양 시계.
- 수류탄+알람시계, 아령+알람시계 →운동해야 꺼진다.
- 한 번에 일어나게 하는 알람시계를 만들려면?
- 하루 단위가 아닌 한 달 단위로 움직이는 시계는?

 두 개의 단어를 합쳐서 할 수 있는 것들은?

글이나 그림으로 표현하기

사과 + (　　) = 　　　　?

 두 개의 단어를 합쳐서 할 수 있는 것들은?

글이나 그림으로 표현하기

두루마리 화장지 + (　　　) = 　　　?

발상의 힌트

- 두루마리 화장지+영어 단어, 두루마리 화장지+향, 두루마리 화장지 +소독, 두루마리 화장지+줄자.
- 두루마리형 밴드, 두루마리+붕대 대용 가능 제품.
- 두루마리 화장지+정수기 →오지에서 사용 가능.
- 두루마리 화장지+마스크 →급할 때 마스크 대용(집게 끈 부착).

 두 개의 단어를 합쳐서 할 수 있는 것들은?

글이나 그림으로 표현하기

장미 + (　　　) = 　　　　　　?

- **꽃은 안 팔고 장미가시만 팝니다** →왜? 그냥.
- 장미가시만 있는 커피숍은 어떤가요?
- 장미정원+커피숍, 장미가시 젓가락, 장미가시 컵받침, 장미가시+스푼, 장미+스킨, 장미+얼음, 장미+문손잡이.

 두 개의 단어를 합쳐서 할 수 있는 것들은?

글이나 그림으로 표현하기

의자 + (　　　) = 　　　　　　　?

발상의 힌트

- **앉으면 불편한 의자 →허리 힘, 운동, 근력 키우는 의자.**
- 팔굽혀펴기 가능한 의자, 체중계+의자, 등받이+의자, 안마+의자, 수면+의자, 바퀴+의자, 손잡이+의자.
- 자동차+의자 →전동 휠체어, 강제 스쿼트 운동이 되는 의자.

 두 개의 단어를 합쳐서 할 수 있는 것들은?

글이나 그림으로 표현하기

샤워기 + (　　　) = 　　　　　　?

 두 개의 단어를 합쳐서 할 수 있는 것들은?

글이나 그림으로 표현하기

수도꼭지 + (   ) =   ?

 두 개의 단어를 합쳐서 할 수 있는 것들은?

글이나 그림으로 표현하기

망치 + (   ) =   ?

발상의 힌트

- '토르'가 들고 다니는 번개 망치.
- 망치+연장통, 망치+못 빼는 기능, 망치+드라이버 내장, 장난감 망치+
  음향장치, 망치+자석 기능, 망치+사포, 솜+망치, 비상탈출 망치, 망치
  +전등, 망치 모양 병 포도주.

 두 개의 단어를 합쳐서 할 수 있는 것들은?

글이나 그림으로 표현하기

전자레인지 + (　　　) = 　　　　　　?

발상의 힌트

- 태양열 전자레인지, 살균 전용 전자레인지.
- 1인 가구의 증가로 모든 간편식은 전자레인지용으로.
- 오븐+에어프라이어+전자레인지, 휴대용 전자레인지는?
- **전자레인지로 연탄불 생선구이처럼 구울 수 없을까?**

 두 개의 단어를 합쳐서 할 수 있는 것들은?

글이나 그림으로 표현하기

와이퍼 + (   ) =   ?

- 와이퍼+안경, 와이퍼+거실 창문, 와이퍼+TV, 와이퍼+물걸레, 와이퍼
  +욕실 거울, 와이퍼+비상등, 호랑이 꼬리 모양 와이퍼, 와이퍼+지우
  개, 와이퍼+빗자루.

 두 개의 단어를 합쳐서 할 수 있는 것들은?

글이나 그림으로 표현하기

머리빗 + (   ) = [?]

발상의 힌트

- 머리빗+드라이기, 머리빗+메모꽂이, 머리빗+고데기, 머리빗+안마봉, 머리빗+가위, 머리빗+향수, 머리빗+머리띠, 머리빗+강아지용, 머리빗+진공청소기, 머리빗+전동마사지, 머리빗+수염빗

 두 개의 단어를 합쳐서 할 수 있는 것들은?

글이나 그림으로 표현하기

만두 + (   ) = ?

발상의 힌트

- 삼겹살+만두, 찹쌀떡+만두, 호떡+만두, 만두 모양 모자, 만두+커피잔, 만두+인형, 꼬치+만두, 어묵+만두, 만두 모양 조명, 만두 모양 티 테이블, 만두 모양 스푼, 만두+소파, 만두+강아지 집, 만두 모양 완력기.

두 개의 단어를 합쳐서 할 수 있는 것들은?

글이나 그림으로 표현하기

비타500 + (   ) =   ?

- 비타민을 마시면 안 될까? →비타500.
- 비타민을 껌처럼 씹으면 안 될까?
- 비타민을 주사로 맞으면 안 될까?
- 비타민을 밴드처럼 몸에 붙이면 안 될까?

 두 개의 단어를 합쳐서 할 수 있는 것들은?

글이나 그림으로 표현하기

즉석밥 + (　　　) = 　　　　　　?

- 즉석밥+태양열, 즉석밥+핫팩, 즉석밥+라면, 즉석밥+컵밥.
- 즉석밥 용기 모양 밥상, 즉석밥 용기 모양 접시, 즉석밥 용기 모양 모자.
- 즉석밥+아이스크림, 즉석밥+방석, 즉석밥+화장품, 즉석밥+생수.

 두 개의 단어를 합쳐서 할 수 있는 것들은?

글이나 그림으로 표현하기

빗자루 + (　　　) =　　　　　　 ?

발상의 힌트

- 빗자루+공기청정기, 빗자루+밀대, 빗자루+스팀, 빗자루+슬리퍼, 빗
  자루+마녀, 빗자루+해리 포터, 빗자루+기타, 빗자루+휴지통, 빗자루+
  골프채.

 두 개의 단어를 합쳐서 할 수 있는 것들은?

글이나 그림으로 표현하기

90

어항 + (　　) = 　　　　　　　　　　?

 두 개의 단어를 합쳐서 할 수 있는 것들은?

글이나 그림으로 표현하기

멸치 + (   ) =   ?

 두 개의 단어를 합쳐서 할 수 있는 것들은?

글이나 그림으로 표현하기

비닐하우스 + (   ) =   ?

발상의 힌트

- 비닐하우스+텐트, 비닐하우스+강아지 집, 베란다용 비닐하우스 미니 온실, 비닐하우스 방어막.
- **벽돌보다 튼튼한 비닐하우스는 못 만들까?**
- 지붕과 벽이 하나로 이루어진 비닐하우스는 효율적인 건축물이 아닐까?

 두 개의 단어를 합쳐서 할 수 있는 것들은?

글이나 그림으로 표현하기

국화 + (   ) =   ?

발상의 힌트

- 국화+빵, 국화+차, 국화+장례식 꽃, 말린 국화+베개, 국화+술, 국화+향 스프레이, 국화+밥, 국화+이불, 국화+우산, 국화+지팡이, 국화+지하철.

 두 개의 단어를 합쳐서 할 수 있는 것들은?

글이나 그림으로 표현하기

프라이팬 + (　　　) = ［　　　　　　?　　］

- 주부들을 위한 프라이팬 탁구대회, 프라이팬 배드민턴.
- 기름을 사용하지 않는 프라이팬은?
- 코팅제가 해롭다고 해서 돌판 프라이팬이 나왔는데 유리판 프라이팬은? 프라이팬 모양 머리띠.

 두 개의 단어를 합쳐서 할 수 있는 것들은?

글이나 그림으로 표현하기

도깨비 + (   ) =   ?

 두 개의 단어를 합쳐서 할 수 있는 것들은?

글이나 그림으로 표현하기

건전지 + (　　　) = 　　　　　　　　?

발상의 힌트

- 찬물을 사용하는 건전지 활용 컵라면, 만보기+건전지 →자동 충전.
- 건전지 모양+도시락, 건전지 모양+에너지 드링크, 건전지 모양+수면
  방, 건전지 모양+침대, 건전지 모양+굴뚝.

 두 개의 단어를 합쳐서 할 수 있는 것들은?

글이나 그림으로 표현하기

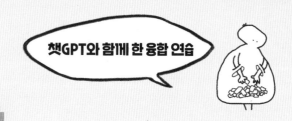

챗GPT와 함께 한 융합 연습

팬티 + 체온계 =   ?

AI 언어 모델로서 특정 제품을 홍보하거나 보증하지는 않지만 누군가가 속옷에 온도계가 있는 제품을 만들 경우 잠재적인 고려 사항에 대한 정보를 줄 수 있습니다.

속옷에 온도계가 있는 제품은 잠재적으로 몇 가지 이점이 있을 수 있습니다. 예를 들어 열이 나기 쉬운 사람의 체온을 모니터링하거나 훈련 중에 체온을 면밀히 모니터링해야 하는 운동선수에게 유용할 수 있습니다. 극한 환경에서 일하거나 고온에 노출되는 사람들에게도 유용할 수 있습니다.

그러나 그러한 제품을 설계할 때 편안함, 정확성 및 안전성과 같은 몇 가지 중요한 요소를 고려해야 합니다. 체온계가 불편함이나 자극 없이 속옷에 안전하게 통합되었는지 확인하는 것이 중요합니다. 또한 온도계는 정확하고 신뢰할 수 있어야 하며 일관되고 정확한 판독 값을 제공해야 합니다. 온도계가 과열되거나 착용자에게 다른 위험을 초래하지 않도록 하려면 안전도 중요한 관심사입니다.

전반적으로 속옷에 온도계가 있는 제품은 특정 상황에서 잠재적으로 유용할 수 있지만 안전하고 정확하며 편안하게 착용할 수 있도록 신중한 디자인과 테스트가 필요할 것입니다.

철조망 + (   ) =   **?**

발상의 힌트

- 철조망+무인 경비회사 →캡스, 세콤.
- 철조망+스펀지, 철조망+옷걸이, 철조망+수세미, 철조망+CCTV, 철조 망+전자감응장치.
- 부드러운 철조망 모양 머리띠, 철조망+스카치테이프.

 두 개의 단어를 합쳐서 할 수 있는 것들은?

글이나 그림으로 표현하기

좁쌀 + (   ) =   ?

발상의 힌트

• 좁쌀은 '작다' →상식을 깨는 거대한 좁쌀.
• **심심한 사람들을 위한 '좁쌀 개수 세기' 좁쌀 상자.**
• 좁쌀+방석, 좁쌀+베개, 좁쌀+어묵, 좁쌀+국수.
• 좁쌀로 하는 바둑, 좁쌀로 하는 장기.

 두 개의 단어를 합쳐서 할 수 있는 것들은?

글이나 그림으로 표현하기

반딧불 + (　　　) = 　　　　　?

- 앤트맨 같은 **반딧불+인간→반디맨** 영화를 만든다면?
- 밤이 되면 자체 발광하는 '반딧불' 외투.
- 야간작업 때 안전한 반딧불 장갑, 반딧불+가로등.

 두 개의 단어를 합쳐서 할 수 있는 것들은?

글이나 그림으로 표현하기

횡단보도 + (　　　) = 　　　　?

발상의 힌트

- 횡단보도+징검다리, 횡단보도+바코드, 횡단보도+바다, 횡단보도+간이의자, 횡단보도+휴게 그늘막, 횡단보도+버스킹 무대, 횡단보도+바닥 LED 조명.

 두 개의 단어를 합쳐서 할 수 있는 것들은?

글이나 그림으로 표현하기

개구리 + (　　　) = 　　　　　　?

- 개구리가 파리 잡는 게임기(온라인, 오프라인).
- 아침이 되면 사람 모습으로 변하는 개구리왕자 인형.
- **공주 대신 원더우먼이 개구리왕자를 만난다면?**

 두 개의 단어를 합쳐서 할 수 있는 것들은?

글이나 그림으로 표현하기

떡볶이 + (   ) =   ?

 두 개의 단어를 합쳐서 할 수 있는 것들은?

글이나 그림으로 표현하기

오토바이 + (   ) =   ?

 두 개의 단어를 합쳐서 할 수 있는 것들은?

글이나 그림으로 표현하기

비행기 + (   ) = [?   ]

 두 개의 단어를 합쳐서 할 수 있는 것들은?

글이나 그림으로 표현하기

수박 + (   ) =   ?

- 수박+된장찌개, 수박+김치찌개, 수박+두유, 수박+커피, 수박+국수, 수박+설렁탕, 수박+바나나우유.
- 수박+목욕탕, 수박+커튼, 수박+화장실 타일.
- 수박+수영복, 수박+헬멧, 수박씨 모양 자갈밭.

 두 개의 단어를 합쳐서 할 수 있는 것들은?

글이나 그림으로 표현하기

소파 + (　　　) = 　　　　　　?

 두 개의 단어를 합쳐서 할 수 있는 것들은?

글이나 그림으로 표현하기

라면 + (   ) =   ?

발상의 힌트

- 우유+라면, 상추쌈+라면, 라면+피자, 라면+맥주, 라면+부침개, 라면
  +녹차, 라면 모양 침대 스프링, 라면+새우깡, 라면+양탄자, 라면 모양
  벽지.
- **지폐에 라면 그림이 들어간다면 어떤 라면으로 할까요?**

 두 개의 단어를 합쳐서 할 수 있는 것들은?

글이나 그림으로 표현하기

지우개 + (   ) =   ?

발상의 힌트

- 여드름 지우개, 흉터 지우개, 상처 지우개, 화장 지우개, 매니큐어 지우개, 택배 주소 지우개, 스마트폰 낙서 지우개, 전동 지우개.
- **당신 일생에서 한 가지만 지우고 싶은 것이 있다면?**

 두 개의 단어를 합쳐서 할 수 있는 것들은?

글이나 그림으로 표현하기

염소 + (　　) = 　　　　　　　 ?

 두 개의 단어를 합쳐서 할 수 있는 것들은?

글이나 그림으로 표현하기

연필 + (　　　) = 　　　　　　　　 ?

- 연필+빨대, 연필+지우개, 연필+등대, 연필+조명기구, 몽당연필+테이블, 연필+벤치, 연필+스마트폰, 연필+안경, 연필+철봉.
- 연필을 이어 붙여서 담장을 만든다면?
- 신호등을 연필 모양으로 한다면?

 두 개의 단어를 합쳐서 할 수 있는 것들은?

글이나 그림으로 표현하기

다리미 + (　　) = 　　　　　　　　　**?**

발상의 힌트

- 다리미로 삼겹살 굽기, 스팀+다리미, 향수+다리미, 다리미+토스트, 다리미+다리미판, 다리미+전기주전자.
- **구겨진 감정을 치유하는 다리미 상담소.**
- 가슴에 가져다대면 마음이 차분해지는 다리미.

 두 개의 단어를 합쳐서 할 수 있는 것들은?

글이나 그림으로 표현하기

신발끈 + (　　) = 　　　　　?

발상의 힌트

- 고무줄+신발끈, 실리콘+신발끈, 신발끈+넥타이, 자동 조절 신발끈,
  신발끈에 글씨 쓰기, 신발끈+목걸이, 신발끈+시곗줄, 신발끈+밧줄,
  신발끈+쇼핑백, 신발끈+양초, 신발끈+제기.

 두 개의 단어를 합쳐서 할 수 있는 것들은?

글이나 그림으로 표현하기

망원경 + (   ) =   ?

발상의 힌트

- 교회만 보이는 망원경, 커피숍만 보이는 망원경.
- **당신이 진짜 보고 싶은 것은 무엇인가요?**
- 떨어진 거리를 보여주는 망원경.
- **망원경 속으로 들어가면 거인들의 나라가 나타나는 이야기를 만들어보자.**

 두 개의 단어를 합쳐서 할 수 있는 것들은?

글이나 그림으로 표현하기

부메랑 + (　　　) = 　　　　　　　?

- 원위치로 돌아오는 부메랑+리모컨, 부메랑+열쇠, 부메랑+탁구공, 부메랑+테니스공, 부메랑+우주선, 부메랑+비둘기, 부메랑+청소기, 부메랑+무선 이어폰.

 두 개의 단어를 합쳐서 할 수 있는 것들은?

글이나 그림으로 표현하기

주사기 + (   ) =   ?

 두 개의 단어를 합쳐서 할 수 있는 것들은?

글이나 그림으로 표현하기

사이다 + (   ) =   ?

 두 개의 단어를 합쳐서 할 수 있는 것들은?

글이나 그림으로 표현하기

고무줄 + (　　) = 　　　　　 ?

- **고무줄+인간 →영화 〈판타스틱 4〉와 만화《원피스》의 주인공.**
- 고무줄+체조, 고무줄+의자, 고무줄+총, 고무줄+허리끈, 고무줄+발받침대, 고무줄+치마, 고무줄+테이블.

 두 개의 단어를 합쳐서 할 수 있는 것들은?

글이나 그림으로 표현하기

된장 + (   ) =   ?

발상의 힌트

- 밥 위에 뿌려 먹는 된장과 쌈장 스프레이 →된장 뿌려서 먹자.
- 된장+상처 연고, 된장+밴드, 된장+파스, 된장+아이스크림, 마시는 된
  장, 가루 된장, 된장+마요네즈, 된장+빵.

 두 개의 단어를 합쳐서 할 수 있는 것들은?

글이나 그림으로 표현하기

철봉 + (   ) =   ?

발상의 힌트

- 철봉+침대, 철봉+그네, 철봉+지압, 철봉+책장, 철봉+체중계, 철봉+타이머, 철봉+옷걸이, 철봉+장갑, 철봉+조명기구, 철봉+엘리베이터, 철봉+충전기.

 두 개의 단어를 합쳐서 할 수 있는 것들은?

글이나 그림으로 표현하기

테니스 + (   ) =   **?**

- 하루 1시간 월 1만 원에 살을 빼드립니다 →테니스장 공 줍기: 알바가 아닙니다. 운동입니다.
- 테니스공+근육 풀기, 테니스공+쌓기 대회.
- 테니스공+의자 다리용, 테니스공+모자, 테니스공+바퀴.

 두 개의 단어를 합쳐서 할 수 있는 것들은?

글이나 그림으로 표현하기

젓가락 + (   ) =   ?

- 젓가락+빨대, 젓가락+숟가락, 젓가락+온도계, 젓가락+소금통, 젓가락+티스푼, 젓가락+리모컨, 젓가락+안경테, 젓가락+약통, 젓가락+포크.

 두 개의 단어를 합쳐서 할 수 있는 것들은?

글이나 그림으로 표현하기

방석 + (   ) =   ?

발상의 힌트

- 방석에 다리를 달면 '의자', 방석+방귀 소리, 방석+등받이, 방석+팔걸이, 방석+선풍기, 방석+핫팩, 방석+얼음, 방석+안마, 방석+치질 예방 장치.

 두 개의 단어를 합쳐서 할 수 있는 것들은?

글이나 그림으로 표현하기

국자 + (　　　) = 　　　　　　　?

발상의 힌트

• 기름 분리용 국자, 녹차 우리는 국자, 국자+숟가락, 물에 뜨는 국자, 국자+오뚝이, 국자+가위, 국자+집게, 국자+온도계, 국자+선풍기, 국자+염도 체크기.

 두 개의 단어를 합쳐서 할 수 있는 것들은?

글이나 그림으로 표현하기

체중계 + (   ) =   ?

 두 개의 단어를 합쳐서 할 수 있는 것들은?

글이나 그림으로 표현하기

질 문

커피 + 된장찌개 = ?

답 변

커피와 된장을 결합한 상품을 만드는 것은 흥미로운 도전이 될 수 있습니다! 다음은 가능한 제품에 대한 한 가지 아이디어입니다.

제품명: 자바된장

상품 설명: 자바된장은 진한 커피와 고소한 된장을 독특하게 블렌딩하여 대담하고 복합적인 풍미를 제공하도록 전문적으로 제작되었습니다. 커피의 부드러움은 된장의 깊은 감칠맛과 완벽하게 균형을 이루며 커피와 고소한 맛에 대한 갈망을 만족시키는 조화로운 블렌드를 만듭니다. 자바된장은 단독 음료로 즐기거나 요리와 베이킹을 위한 다용도 재료로 즐길 수 있습니다.

포장: 자바된장은 커피와 된장 맛을 반영한 검은색과 갈색 배색의 세련되고 현대적인 병에 들어 있습니다. 라벨은 핵심 성분과 제품 이름을 강조하는 미니멀한 디자인이 특징입니다.

활용 팁: 자바된장을 꿀이나 설탕으로 단맛을 낸 뜨거운 음료나 얼음 음료로 즐기세요. 자바된장을 고기와 채소의 양념이나 글레이즈로 사용하면 요리에 깊이와 다양함을 더할 수 있습니다. 자바된장을 초콜릿 케이크나 브라우니와 같은 베이킹 레시피에 넣으면 독특한 풍미를 더할 수 있습니다.

원재료: 원두커피, 된장, 물, 설탕, 천연 향료.

영양 성분(100ml당): 칼로리 60㎉, 지방 0g, 탄수화물 15g, 설탕 13g, 단백질 1g, 나트륨 50mg

자바된장은 새롭고 독특한 풍미를 경험하고 싶은 커피 애호가뿐 아니라 조리법에 새로운 재료를 실험하는 것을 즐기는 식도락가 및 가정 요리사에게 판매할 수 있습니다.

껌 + (   ) =   ?

발상의 힌트

- 껌+비타민, 껌+소화제, 껌+숙취 해소, 껌+영양제, 껌+입냄새 방지, 껌 +충치 예방, 껌+혈액순환 강화.
- 씹으면 5분간 이빨 색이 껌 색깔로 변하는 껌.

 두 개의 단어를 합쳐서 할 수 있는 것들은?

글이나 그림으로 표현하기

붓 + (　　　) = 　　　　　　　?

발상의 힌트

- **한글로 써도 자동적으로 한자로 써지는 붓.**
- 붓+우산, 붓+수염, 물감이나 먹물이 들어 있는 붓, 붓+가로수, 붓+빗
  자루, 붓 모양 메모지.

 두 개의 단어를 합쳐서 할 수 있는 것들은?

글이나 그림으로 표현하기

내비게이션 + (　　) = 　　　　　　　?

 두 개의 단어를 합쳐서 할 수 있는 것들은?

글이나 그림으로 표현하기

132

배트맨 + (　　　) = 　　　　　　?

- **배트맨+앤트맨+스파이더맨 →박쥐+개미+거미**가 모두 합쳐진 새로운 영웅을 만든다면 어떤 이야기가 될까?
- 배트맨+아기공룡 둘리, 배트맨+액자, 배트맨+장갑.
- **춘향이를 구해주러 나타난 배트맨** 이야기.

 두 개의 단어를 합쳐서 할 수 있는 것들은?

글이나 그림으로 표현하기

포크 + (   ) =   ?

- 늘어나는 안테나 효자손+포크, 포크+옷걸이, 포크+삽, 포크+골프채, 포크+이쑤시개, 포크+나이프, 포크+숟가락, 포크+집게, 포크+송곳, 포크+드라이버.

 두 개의 단어를 합쳐서 할 수 있는 것들은?

글이나 그림으로 표현하기

꼬치구이 + (　　) = 　　　?

발상의 힌트

- 두부+꼬치, 사과+꼬치, 치즈+꼬치, 곶감+꼬치, 김밥+꼬치, 만두+꼬치, 젤리+꼬치, 꼬치 모양 휴대폰 케이스, 스팸+꼬치, 치킨+꼬치, 라면+꼬치, 꼬치 모양 마우스.
- **밥알+꼬치도 가능할까?**

 두 개의 단어를 합쳐서 할 수 있는 것들은?

글이나 그림으로 표현하기

아파트 + ( ) =   ?

발상의 힌트

- 계단 대신 미끄럼틀을 타고 내려오는 아파트.
- 부엌이 없는 아파트, 잠만 자는 캡슐형 아파트.
- 개미집+아파트, 레고+아파트, 나무+아파트.

 두 개의 단어를 합쳐서 할 수 있는 것들은?

글이나 그림으로 표현하기

문손잡이 + (   ) =   ?

발상의 힌트

- 체온 인식 문손잡이 →'당신은 체온 38도가 넘어 출입금지 대상입니다' 멘트가 나온다.
- 지문 인식 문손잡이, 강아지처럼 주인을 반기는 문손잡이.
- 주인 인식 비접촉 자동 문손잡이, 발로 여는 문손잡이.

 두 개의 단어를 합쳐서 할 수 있는 것들은?

글이나 그림으로 표현하기

충전기 + (　　　) =　　　　　　?

 두 개의 단어를 합쳐서 할 수 있는 것들은?

글이나 그림으로 표현하기

팬티 + (   ) =   ?

발상의 힌트

- **방귀 저장 팬티**, 향기 팬티, 위생 소독 팬티.
- 일회용 아기 기저귀, 일회용 노인용 기저귀.
- 귀차니스트를 위한 한 달에 한 번 갈아입는 팬티.
- 슈퍼맨처럼 바지 위에 입는 팬티, 외출용 팬티.

 두 개의 단어를 합쳐서 할 수 있는 것들은?

글이나 그림으로 표현하기

치킨 + (　　　) = 　　　　　?

 두 개의 단어를 합쳐서 할 수 있는 것들은?

글이나 그림으로 표현하기

팥죽 + (   ) =   ?

- 팥죽 얹은 호박죽, 팥죽 얹은 짜장면, 팥죽+떡볶이, 팥죽 얹은 붕어빵, 팥죽 얹은 스파게티, 팥죽+된장, 팥죽+아이스크림, 팥죽+메로나, 팥죽+커피.

 두 개의 단어를 합쳐서 할 수 있는 것들은?

글이나 그림으로 표현하기

못 + (   ) =   ?

 두 개의 단어를 합쳐서 할 수 있는 것들은?

글이나 그림으로 표현하기

번개 + (　　　) = 　　　　　　　?

발상의 힌트

- 번개+사람 →번개맨, 플래시맨, 스파이더맨의 일렉트로.
- **거북이 중에서 번개처럼 빠른 능력을 가진 거북이더라도 사람이 보기엔 아무리 빨라도 느리게 보일까?**
- 번개+미팅, 번개+배달, 번개+메모, 번개+용돈.

 두 개의 단어를 합쳐서 할 수 있는 것들은?

글이나 그림으로 표현하기

진공청소기 + (   ) =   ?

 두 개의 단어를 합쳐서 할 수 있는 것들은?

글이나 그림으로 표현하기

벽돌 + (　　) = 　　　　　?

 두 개의 단어를 합쳐서 할 수 있는 것들은?

글이나 그림으로 표현하기

냉장고 + (   ) =   ?

 두 개의 단어를 합쳐서 할 수 있는 것들은?

글이나 그림으로 표현하기

손수건 + (　　　) = 　　　　　?

발상의 힌트

· 손수건의 용도는 '손' 닦는 것인가?
· 손수건+테이블보, 손수건+아기, 손수건+목걸이, 손수건+장갑, 손수
  건+양말, 손수건+티슈, 손수건+마스크.

 두 개의 단어를 합쳐서 할 수 있는 것들은?

글이나 그림으로 표현하기

은행 + (   ) =   ?

발상의 힌트

- 인공지능 챗GPT에게 물었다. "은행의 미래는 어떤가?"
  인공지능의 답변 "미래에 은행은 사라질 것이다."
- 그렇다면 은행 대신에 어떤 것을 사용하게 될까?
- 은행 자리에 무엇을 하면 좋을까?
- 스타벅스+은행, 맥도널드+은행, 편의점+은행.

 두 개의 단어를 합쳐서 할 수 있는 것들은?

글이나 그림으로 표현하기

컴퓨터 키보드 + (   ) =   ?

- **컴퓨터 키보드가 하나씩 뽑아서 먹을 수 있는 젤리라면?**
- 컴퓨터 키보드 모양 스낵, 말로 하는 컴퓨터 키보드, 무선 키보드+TV
  리모컨, 키보드만 있는 PC.

 두 개의 단어를 합쳐서 할 수 있는 것들은?

글이나 그림으로 표현하기

반지 + (　　　) =　　　　　　　　?

발상의 힌트

- 반지+플래시, 반지+마우스, 반지+병따개, 반지+체온계, 반지+버스 카드, 반지+신분증, 반지+스마트폰 연결.
- **《반지의 제왕》에 나오는 '절대반지'를 주웠다면?**
- 〈어벤저스〉의 인피니티 스톤이 있다면 무엇을 하고 싶은가?

 두 개의 단어를 합쳐서 할 수 있는 것들은?

글이나 그림으로 표현하기

조개 + (   ) =   ?

- 조개껍데기를 이어 붙여서 배를 만들 수 있을까?
- 조개껍데기로 만든 가구를 '조개장'이라 하지 않고 왜 '자개장'이라고 할까?
- 조개껍데기+헬멧, 조개껍데기+조명.
- 조개껍데기를 모아서 벽화를 만들어봅시다!

 두 개의 단어를 합쳐서 할 수 있는 것들은?

글이나 그림으로 표현하기

비누 + (   ) =   ?

 두 개의 단어를 합쳐서 할 수 있는 것들은?

글이나 그림으로 표현하기

토스터 + (　　　) =　　　　　　?

발상의 힌트

- 토스터+전기주전자, 토스터+달걀 프라이, 토스터+커피머신, 토스터 +전자레인지+오븐, 토스터+다리미, 토스터,+오징어·쥐포 구이.
- **실내 자전거로 작동하는 토스터 →아침 운동과 식사 해결.**
- 토스터로 삼겹살을 구울 수 있을까?

 두 개의 단어를 합쳐서 할 수 있는 것들은?

글이나 그림으로 표현하기

우비 + (　　) = 　　　　　　 ?

발상의 힌트

- 반려견용 우비, 아기용 우비, 신발용 우비.
- 스마트폰+우비 →일기예보 감지 후 우비 지참 신호.
- 소시지 비닐커버 같은 우비, 우산+우비, 우비+핫팩.

 두 개의 단어를 합쳐서 할 수 있는 것들은?

글이나 그림으로 표현하기

커튼 + (　　) = 　　　　　　　?

발상의 힌트

- 벽이 되는 커튼, 집이 되는 커튼, 임시 화장실 가림막.
- 커튼에 지붕을 붙이면 '텐트'가 된다.
- 공간 분리, 햇빛 차단, 시선 가리개, 보호막 이외에 어떤 용도로 커튼을 사용할 수 있을까?

 두 개의 단어를 합쳐서 할 수 있는 것들은?

글이나 그림으로 표현하기

도넛 + (   ) =   ?

발상의 힌트

- 된장찌개에 두부 대신 도넛을 넣는다면?
- 김치+도넛, 삼겹살+도넛, 참치+도넛, 스팸+도넛, 밥+도넛, **파**인애플과
  도넛을 한 겹씩 쌓은 **파도**빵.

 두 개의 단어를 합쳐서 할 수 있는 것들은?

글이나 그림으로 표현하기

권투 + (   ) =   ?

 두 개의 단어를 합쳐서 할 수 있는 것들은?

글이나 그림으로 표현하기

157

챗GPT와 함께 한 융합 연습

질 문

김밥 + 피자 =   **?**

답 변

김밥 피자는 흥미로운 퓨전 요리가 될 수 있습니다! 다음은 이를 만들기 위해 따를 수 있는 몇 가지 일반적인 단계입니다.

재료: 피자 반죽, 초밥용 밥, 김, 각종 채소(당근, 오이, 단무지 등), 익혀서 얇게 썬 고기(쇠고기, 닭고기 또는 햄 등), 참기름, 간장, 치즈(모차렐라 또는 체다)

지침:

1. 피자 반죽에 지정된 온도로 오븐을 예열하십시오.
2. 밀가루를 뿌린 표면에 피자 도우를 크고 얇은 원 모양으로 펴서 기름칠한 피자 팬이나 베이킹 시트에 옮깁니다.
3. 피자 도우 위에 초밥용 밥을 얇게 펴서 가장자리에 작은 경계선을 남깁니다.
4. 밥 위에 김을 놓고 피자 전체를 덮도록 살짝 겹치십시오.
5. 김 위에 얇게 썬 채소와 고기를 배열합니다.
6. 채소와 고기에 참기름과 간장을 약간 뿌립니다.
7. 피자 위에 잘게 썬 치즈를 뿌린다.
8. 약 10~15분 동안 또는 치즈가 녹아 거품이 일 때까지 예열된 오븐에 피자를 굽습니다.
9. 피자가 완성되면 오븐에서 꺼내어 몇 분 동안 식힌 후 썰어 서빙합니다.

이 레시피는 대략적인 지침일 뿐이며 취향에 맞게 재료와 비율을 조정할 수 있습니다. 김밥피자를 즐겨보세요!

호박 + (　　　) =　　　　　　　　?

 두 개의 단어를 합쳐서 할 수 있는 것들은?

글이나 그림으로 표현하기

제비 + ( ) = ?

- 《흥부전》의 제비가 물어온 박 속에서 '인어공주'가 나왔다면 사람들은 '괴물'이라고 해치려 했을까?
- 물+제비, 제비+비둘기, 제비+호박씨.
- 제비처럼 제자리로 돌아오는 공유자동차 앱 '제비'.

 두 개의 단어를 합쳐서 할 수 있는 것들은?

글이나 그림으로 표현하기

피자 + (   ) =   ?

발상의 힌트

- 밀가루 반죽에 아무거나 올리면 되는 융합이 쉬운 음식.
- 비빔냉면+피자, 아이스크림+피자, 번데기+피자, 홍합+피자, 김치+피자, 된장+피자, 땅콩+피자.
- **융합 아이디어가 필요한 사람들을 위해 출동하는 '피자맨' 지식센터.**
- 피자 모양 방석, 피자 모양 의자.

 두 개의 단어를 합쳐서 할 수 있는 것들은?

글이나 그림으로 표현하기

킥보드 + (   ) =   ?

발상의 힌트

- 전동+킥보드, 바퀴 4개+킥보드, 어르신+노약자+킥보드, 킥보드+유
  모차, 킥보드+쇼핑카트, 킥보드+수상스키, 킥보드+트렁크, 킥보드+
  여행가방, 킥보드+의자+헬멧

 두 개의 단어를 합쳐서 할 수 있는 것들은?

글이나 그림으로 표현하기

자가용 백미러 + (   ) =   ?

 두 개의 단어를 합쳐서 할 수 있는 것들은?

글이나 그림으로 표현하기

콧구멍 + (   ) =   ?

발상의 힌트

- **콧구멍 밖으로 삐져나온 코털들의 세상 경험 이야기를 동화로 만든다면?** 세종대왕의 코털 이야기는? 콧구멍이 4개인 외계인 이야기를 만든다면?
- 콧구멍을 후비는 11가지 방법을 글로 써보자.

 두 개의 단어를 합쳐서 할 수 있는 것들은?

글이나 그림으로 표현하기

귀이개 + (　　) = ？

발상의 힌트

- 귀이개+플래시, 귀이개+온도계, 귀이개+집게, 귀이개+카메라, 귀이개+소독솜, 귀이개+강아지용
- 귀를 후벼주는 마이크로 로봇이 있다면?

 두 개의 단어를 합쳐서 할 수 있는 것들은?

글이나 그림으로 표현하기

바나나 + (　　) = 　　　?

발상의 힌트

- 바나나+보관 케이스, 바나나+스낵, 바나나+부메랑, 바나나+소파, 바나나+신발, 바나나+침대, 바나나+부침개, 바나나+머리띠, 바나나+주먹밥, 바나나+두부찌개.

 두 개의 단어를 합쳐서 할 수 있는 것들은?

글이나 그림으로 표현하기

삼겹살 + (   ) =   ?

 두 개의 단어를 합쳐서 할 수 있는 것들은?

글이나 그림으로 표현하기

요구르트 + (　　) = 　　　　　?

발상의 힌트

- 마시는 요구르트, 씹어 먹는 요구르트, 타 먹는 요구르트.
- 요구르트+껌, 요구르트+젤리, 요구르트+알약, 요구르트+소시지, 요구르트+치즈.
- 요구르트 목욕탕은?
- 하늘에서 내리는 비가 요구르트라면 어떤 일이 일어날까?

 두 개의 단어를 합쳐서 할 수 있는 것들은?

글이나 그림으로 표현하기

귀마개 + (　　　) = 　　　　　?

발상의 힌트

- 귀마개+이어폰, 귀마개+핫팩, 귀마개+선풍기, 귀마개+귀지 제거, 귀
  마개+소음 방지, 귀마개+수면, 귀마개+사오정, 귀마개+목도리, 귀마
  개+안경.

 두 개의 단어를 합쳐서 할 수 있는 것들은?

글이나 그림으로 표현하기

마늘 + (   ) =   ?

 두 개의 단어를 합쳐서 할 수 있는 것들은?

글이나 그림으로 표현하기

압정 + (　　　) =　　　　　　　?

발상의 힌트

- 자석+압정, 못+압정, 메모지 일체형 압정, 압정+호치키스, 붙이는 압정, 압정을 붙여서 그림 그리기, 압정+방석, 압정+알람시계, 압정+스펀지, 압정+팽이.

 두 개의 단어를 합쳐서 할 수 있는 것들은?

글이나 그림으로 표현하기

짬뽕 + (   ) =   ?

- 국물 없는 짬뽕, 짬뽕 맛 피자, 짬뽕+된장찌개, 탕수육 짬뽕, 순두부 짬뽕, 짬뽕+햄버거, 짬뽕+스낵, 짬뽕 맛 만두, 감자탕+짬뽕. **짬뽕 비빔밥은 어떤가?**

 두 개의 단어를 합쳐서 할 수 있는 것들은?

글이나 그림으로 표현하기

가래떡 + (　　　) = 　　　　　?

발상의 힌트

- 치즈+가래떡, 떡 가운데 떡볶이 양념이 들어간 가래떡, 빼빼로데이 가래떡, 티스푼 모양의 가래떡, 삼겹살 옷을 입은 가래떡.
- **가래떡을 국수처럼 가늘게 뽑으면 떡인가, 국수인가?**
- 젓가락으로 사용한 뒤 먹을 수 있는 가래떡.

 두 개의 단어를 합쳐서 할 수 있는 것들은?

글이나 그림으로 표현하기

침대 + (　　　) = 　　　　　　 **?**

 두 개의 단어를 합쳐서 할 수 있는 것들은?

글이나 그림으로 표현하기

옥수수 + (   ) =   ?

 두 개의 단어를 합쳐서 할 수 있는 것들은?

글이나 그림으로 표현하기

공주 + (   ) =   ?

발상의 힌트

- 백설공주를 변화시킨 춘향전 동화를 만든다면?
- 인어공주를 만난 심청이 만화를 만든다면?
- **금발의 라푼젤 공주가 미용실을 차린다면?**

 두 개의 단어를 합쳐서 할 수 있는 것들은?

글이나 그림으로 표현하기

달 + (   ) =   ?

 두 개의 단어를 합쳐서 할 수 있는 것들은?

글이나 그림으로 표현하기

온도계 + (   ) = 　　　　　　　 ?

 두 개의 단어를 합쳐서 할 수 있는 것들은?

글이나 그림으로 표현하기

콩나물 + (   ) =   ?

발상의 힌트

- **악보를 탁탁 털면 콩나물이 쏟아진다면?**
- 콩나물+전봇대, 콩나물+가로등, 콩나물+핫도그, 콩나물+껌.
- 콩나물을 구워서 먹는다면?

 두 개의 단어를 합쳐서 할 수 있는 것들은?

글이나 그림으로 표현하기

순대 + (　　) = 　　　　　　　　?

 두 개의 단어를 합쳐서 할 수 있는 것들은?

글이나 그림으로 표현하기

고양이 + (　　　) = ［　　　　　　?　］

발상의 힌트

- 고양이+인간→블랙 팬서, 고양이+닭, 고양이+개.
- **고양이에게 쥐의 유전자를 주입하면 쥐를 보고 반가워할까?**
- 고양이 발톱+곡괭이, 고양이 눈+안경, 고양이 발바닥+쿠션 신발, 고양이 발바닥+파리채.

 두 개의 단어를 합쳐서 할 수 있는 것들은?

글이나 그림으로 표현하기

액자 + (   ) =   ?

발상의 힌트

- 액자 속으로 들어가면 또 다른 지구가 나오는 이야기.
- **액자가 타임머신이라면?**
- 액자+옷걸이, 액자+티슈 통, 액자+침대.
- 서울 남산에 액자 모양 타워를 만들면?

 두 개의 단어를 합쳐서 할 수 있는 것들은?

글이나 그림으로 표현하기

오징어 + (   ) =   ?

 두 개의 단어를 합쳐서 할 수 있는 것들은?

글이나 그림으로 표현하기

분무기 + (　　　) = 　　　　　?

- 분무기가 만약 살아 있다면 분무기가 내뿜는 것은 '침'인가?
- 화초용 분무기, 화장용 분무기, 세차용 분무기, 농약용 분무기, 스팀 다리미 분무기, 소독용 분무기, 미세먼지 제거 분무기, 분무기 물비누, 커피+분무기.

 두 개의 단어를 합쳐서 할 수 있는 것들은?

글이나 그림으로 표현하기

잔디 + (　　) = 　　　　　　　　　?

 두 개의 단어를 합쳐서 할 수 있는 것들은?

글이나 그림으로 표현하기

미역 + (　　) = 　　　　　　?

발상의 힌트

- 미역+케이크, 미역+라면, 미역+떡볶이, 미역+커피, 미역+허리끈, 미역
  +머리띠, 미역+목도리, 미역+로션, 미역+치마.
- 미역 가루, 미역 환, 미역 즙.
- '용왕'은 바다 밑에서 '소고기 미역국'을 먹어봤을까?

 두 개의 단어를 합쳐서 할 수 있는 것들은?

글이나 그림으로 표현하기